未来を築く子どもたち

宇江野ゆき

文芸社

はじめに

人はこの世に生まれて、どのような人間に成長するのでしょうか。世間を騒がすような人間になるのか、それともどこにもいないような善良な人間になるのか、これは親にも、また本人にも、誰にも分からないことでしょう。ただ、それは子どもの時からの家族・家庭の中でのふれあいのあり方で変わってくるのではないでしょうか。

最近は、出産を家庭でしたいという人が増えてきているそうですが、家族に見守られながらの出産は、いろいろな面で長所があるといいます。出産直後に赤ちゃんを母親の肌に触れさせることで、体温の調節もでき、絆も深まるということでもあるそうです。

ここ数年、青少年による犯罪や、本来分別が充分にあると思われる大人による幼児虐待の報道を見聞きするにつけ、心が張りさける思いでいます。なぜ、このような事件が頻繁に起こるのでしょうか。そして、誰のせいなのでしょうか。

子を産み育てることは一大事業です。しかし、今人間の社会に何かが欠けているような気がします。チンパンジーの親でさえ、子に何かを教えようとする場合、何回でもやって見せています。これは、たとえば、生き物は食べるものがないと生きてゆけないということを、言葉は話せなくても体で教えているのです。動物でもできることを人間ができないというのは、なんとも恥ずかしいことです。

今、生命力に満ちた赤ちゃんの世界に科学の光を当てようと、東京で「日本赤ちゃん学会」が発足しました。メンバーは、脳科学やロボット、情報科学・工学といった幅広い分野の人々のほかに、幼児教育関係者や一般の親も加わり、育児に悩む親の意見も反映させようというものです。よりよい親子関係を願い、広い分野の人々による研究で、少しでも住みよい社会となるように期待したいと思います。

そして我々一般の人間も社会や他人のせいにするのではなく、私たち一人一人が「未来を築く子どもたち」のことを真剣に考える時がきているような気がします。

未来を築く子どもたち◯目次

第一章　子どもは社会の宝ということ

子どもは社会の宝

「子宝に恵まれる」という言葉がありますが、それは人数ということだけではなく、一人でも二人でも、それは子宝だと思います。宝だからこそ、親は自分の着物にくるみ、肌で温めて育てたものですが、そんなにして育てても、病気や事故、災害など悲しいことが多い世の中です。

「親」という字は、立って木を見るという意味だといわれますが、最近の虐待などの話を聞きますと、「這えば立て、立てば歩めの親心」という言葉も空しく聞こえます。虐待などをする者には、親の資格などないように思えます。親子・家族はしっかりと絆を結び、どんなに小さなことも話し合える仲であってほしいと思います。授かった小さな命を一人でも多く育て、若者が夢をもって築いてくれれば、住みよい国になっていくと思います。

私はくじけそうになったとき次のような歌を自分の応援歌として思い出してきました。

「風に立つ」

一、
青嵐《せいらん》に吹かれて
胸をはる　日もあれば
雨風にたたかれて
頭《こうべ》をたれる　ときもある
人はこの世に　生きてあるかぎり
山坂千里の　九十九《つづら》折り
そうさ　人生やるっきゃないさ

二、

朔風《さくふう》が吹いても
向かい風　吹こうとも
たじろがずくじけずに
前だけ見つめ行くがいい
泥にまみれて　涙ながしても
こころに錦の　華をもて
そうさ　人生やるっきゃないさ

三、

うつりゆく時代の
波風に　のまれても
騒がずに　嘆かずに
最善つくし　立ち向かえ
ままにならない　茨道《いばらみち》なれど

それでも行かねば　ならぬ道
そうさ　人生やるっきゃないさ
そうさ　人生やるっきゃないさ

この歌のように人生、できる限りやらねばならないのです。

「家族の元気は母親の元気から、家族の笑顔は母親の笑顔から」といいます。

宝である子どもたちが安心して歩める道—心の道を作ってやるためにも、親はその時々の歌を見つけ、人生の応援歌として、また友として生きていってほしいと思います。

子どもは親の所有物じゃない

多くの動物の中で、人間という動物が一番無責任のように思います。子どもを産んでおきながら、捨てたりどこかへ置き去りにしたりと、私たち昭和一桁の者には考えられないことです。

現代では核家族化が進む中、子どもへの虐待が増えています。ある母親も三人の子育てに追われ、悩み、夫にストレスをぶつけ、友人や両親に話を聞いてもらうことがしばしばあったそうです。時間に余裕がなく、心の余裕もなくしていたといいます。そんな時動物の子育てをテレビで見て衝撃を受けたといいます。

家族を守る牡のゴリラ、群れの中で大切に卵を温めるペンギン、氷の世界でたくましく生きる熊の親子など、命懸けで子育てをする姿に涙があふれたと言っている母親もいました。

今の時代は何もかもが戦争の時代です。戦争というとおおげさに思われがちですが、知らず知らずの間にそうなっていくのです。それも国と国とのそれではなく、個人と個人との戦い、競争なのです。しかし、自分の子が他人の子と同じようにならないからといって子どもを殺したり、誘拐したりしたら我が子はどんな思いをするでしょう。子どもは惨めになるだけです。また、交通事故や他の事故も同じでしょう。

事故の後　幸せ残らず　悔い残る

誰にも、ほかの人には負けたくないという気持ちはあるものですが、それを他人と同じようにならないからといって、子どもの気持ちも考えず、自分一人の考えで行動すると、取り返しのつかないことになってしまいます。それが無責任ということです。幼稚園児殺害もそうでしょう。

人生には他人と同じようにいかないことが多いものです。道路も、乾いている所もあればぬかるみもあります。自分の思うようにいかない時は、そのぬかるみだと思って避けて通ればよいでしょう。しかし、人間の中にはそう思えない人もいるものです。

「無謀運転　すれば集まる冷たい視線」という交通安全の標語がありますが、この無謀運転も人殺しも同じではないでしょうか。人に負けたくないという気持ちを、正面からぶつけて行動を起こせば、その行為には多くの人から冷たい視線が集まることになります。それさえしなければ、親しみのあるごく普通の人でいられるのです。

私の勤め先は女性の多い、会社というよりは工場のようなものでした。女性は特に口がうるさいといわれますが、私は他人の悪口を言うのがあまり好きではありません。もし人の悪口を言えば、一緒に話していた人が別の人と話している時にその話が出て、気まずくなる原因になります。事実、そういったことが原因で、人間関係がうまくゆかず、職場を去って行く人が多いのです。私はこの会社で仕事を続けて行きたいと思っていましたので、そのようなことがないようにしてきました。

そうしたことで二十一年という長い年月を勤め、仕事を続けてこられたことを誇りに思っています。こうしたことは年齢には関係がないものです。

今の母親たちは、幼稚園の送り迎えの時に、長いこと立ち話をしていることが多いようですが、ついつい他人のうわさなどをすることで、最後には居づらくなる、また最悪の場合は、自分の子がどこに行ったのかも分からなくなってしまうという結果になります。

ある母親は、子育ての友だちを作ろうと毎日公園へ出かけたといいます。しかし子どもはだんだん大きくなるに従って、よその子の使っているおもちゃなどを取ってしまうようになります。子どもにすれば、それは成長し進歩したことでもあるのですが、親は子の成長を喜び、見守りながらもいろいろなことを教えていかなければなりません。

生まれたばかりで乳を吸うこともできなかった子が、だんだんにいろいろと本能的にできるようになり、ものが見えるようになり、耳も聞こえるようになってきて、物事の善し悪しの判断がつかないままいろいろなことをやってしまいます。ここが子育ての大変なところだと思いますが、この時期にいろいろと教え、その子に応じたしつけをしていかなければなりません。

三歳の娘から、注意するたびに「なぜ」「どうして」と聞かれるが、説明しても十分に理解できず何回も同じ失敗をする、しかし諦めず子どもが理解できる言葉を探して繰り返し説明してやる、とある母親は話していました。

子どもを車に閉じ込めて自分はパチンコをやっていたり、子どもだけを残して買い物や友人の所へ出かけたりというようなことについて、ある先生が全体的に大人は無責任だと言っています。こうして置き去りにされた子どもが無事であればよいのですが、中には窒息死したり、火災に遭って亡くなってしまう事件が多発しています。大人はストレス解消という理由をつけるのでしょうが、可愛い子どもたちが犠牲になることを考えれば許されることではありません。

また、さらには育児に疲れたといって、生後間もない乳児を殺そうとまでする親さえある昨今、その心理を思い量ることができません。

大人の身勝手が、子どもをどれほど犠牲にしていることでしょう。

子どもは親の所有物ではないのです。そして親の思う通りにならないのが子どもなのです。

子どもは親を選べない

子どもは子どもなりに考えるもので、親が自分の思いの枠にはめようとすると子どもは成長できません。子どもは自分の思い通りになると勘違いしている親は、ふとしたきっかけで子どもに怪我をさせたり、最悪の場合は命さえ奪ってしまうことにつながるのです。

子どもを鍵をかけた部屋に閉じ込めて外出していた父親が、ある時鍵をかけ忘れて出かけ、おなかが空いたその子が冷蔵庫のカレーを食べたのを見つけた父親は、子どもに殴る蹴るの乱暴を働いたということです。たった五歳の幼子、おなかの空くこともあるでしょう。再婚相手の連れ子だということですが、自分の子と思わなければ、長い人生を生きていくのは無理でしょう。

冷蔵庫のハムを食べたといって、父親が七歳の長男の太ももを踵で十数回も踏みつけて骨折させたうえに、オルガンから落ちたと言い張っていた事件もありました。この父親はテレビゲームで負けても長男に殴りかかったり、煙草の火を押し付けたりしていたようで、その子は顔にあざを作って保育園に来たこともあるといいます。そんな時母親は、「ちょっと転んでしまって」と言い訳をしていたそうですが、その子は髪を父親と同じ金髪に染められたこともあり、欠席を心配した保母さんが自宅を訪ねて、「元気だった?」と頭をなでたところ、数センチの切り傷をホッチキスで三カ所とめてあるのを発見して、児童相談所に一時保護したそうです。これを父親は「治療」と称していたとのこと。

一時保護が僅か十日間だったのは、その長男が「帰りたい」と訴えたからだということです。しかし、小学校に入学しても長男の顔からあざが消えたことはなかったといいます。担任の教師が尋ねても、父親は、「転んだ」とか「しつけだ」と繰り返すばかりだそうです。

この母親は離婚して親権を失っていましたが、再婚相手のこの父親に子どもと一緒に暮らしたいと訴えて、三人の子どものうち七歳の長男と四歳の次女を連れ帰り、親権変更の申し立ての最中だったそうです。しつけに厳しいこの父親は、肘をついてご飯を食べたり、口に入り切らないほどの量をほお張るなどの行儀の悪さを厳しく叱っていたそうですが、母親も一緒になって二人がかりで叱っていたといいます。この父親は、自分も父親から殴られた経験があり、「叩いて言い聞かせる」と言い張っていたようです。

そして、子どもが自分や兄の年齢が言えないことでも殴る蹴るを繰り返し、それを見ていた母親も、自分で教えている途中で子どもがなかなか覚えられないことに怒りを爆発させ、子どもに熱湯を浴びせかけ、その悲鳴がアパート中に響いたそうです。さらにこの子を病院に連れていったのは翌朝だと聞きました。

冷蔵庫のハムでもパンでも、子どもが食べる量など知れたもの、そのくらいのことでせっかんするということが理解できません。こんな親がいるのかと涙がとまりません。言って聞かせれば分かることです。暴力をふるってけがをさせ、病院に行けば、それだけお金もかかるではありませんか。

この世にどんな病を背負って生まれてこようとも、その子にはその子なりに生きる権利があるはずです。親はもちろんですが、施設や周囲の協力によって生きることはできるはずです。生活に困っていれば児童手当の申請もできます。

そういえばこんな悲しい事件も思い出します。児童手当の振り込み先の口座番号が記入されていず、入金がなかったために生活ができず、大切な子を死なせてしまったというものです。これは、生活保護の制度の事をよく知らなかったために起きた事件でした。母親は、夫が行方不明でも一人でりっぱに育ててみせる、と言っていたとのことです。せめて市の職員がもう少し本人の立場になって対応していたらと思うと、残念でたまりません。

生活に困っていない人には分からないかもしれませんが、母子家庭で職もない場合には、そこでも子どもが犠牲になってしまうということがあります。それは大人の身勝手が起こしていることになります。

さらに二〇〇〇年二月二十七日の新聞にさまざまな警鐘が鳴らされながらも、全国でなお多発する児童虐待。しつけと暴力を取り違えた父親が、育児に行き詰まった母親が、小さな命を傷付け奪っている昨今、国会では虐待防止のために議員立法の動きがありましたが実現には至らず、警察は児童相談所と連携して、悪質なケースは積極的に摘発する方針を打ち出してはいるが、被害は止まらないと聞きます。

安らぎの場であるはずの家庭で親が殴ったり蹴ったりしては、子どもはおどおどするばかりで、考えることもできず、勉強にも身が入らず、結果は親を憎み大人を憎むということになります。

平凡な言い方ですが、子は親を選べないのです。

そして子どもは親にとってかけがえのない存在であり、社会にとっても次の世代を担う大切な宝なのです。

親のストレスと子ども

大人はストレスが溜まってつい、というようなことが多いようですが、子どもたちが犠牲になるのは許されることではありません。

さらに、現在は経済が行き詰まり、家族がみな仕事に出かけて子どもに目を向ける時間が減り、結果的には小学校低学年から生活習慣病にかかる子が出てきているとも聞きます。

親も子もストレスを抱える状況ではありますが、親は子どもを虐待するよりも、もっと自分自身、親たちの心の在り方や行動を改める必要があるのではないでしょうか。どんなに経済が厳しくても、子どもにしわ寄せがくれば、子どもたちの生きる望みがなくなってしまいます。

また最近ではプライバシー尊重とかで、近所付き合いを望まない人も増えているといいますが、果たして子どもはそれで喜ぶのでしょうか。親も子もストレスを抱えている現在ですが、子どもが一番頼りにしているのは母親なのです。そして家庭という温かいぬくもりがほしいのです。分かってやってください。

友だちとのことやいろいろな出来事などを話しながら、食事をしたりおやつを食べたりというその時間がほしいのだと思います。忙しさを理由に子どもの気持ちも考えず、お金だけを渡して過ごしているお母さんはいませんか？

子どものストレスと共働きの影響

親にストレスがあるように、子どもも成長するに従ってストレスが溜まります。学校へ行くようになればいろいろなことを覚え、また友だちができればその付き合いなどもあり、大人が考えている以上の悩みやストレスを背負っていると思います。子どもは子どもなりに考えて生きているのでしょうが、最近では共働きの家庭が増え、親と子が接する機会が減ってきています。その一方で少年の犯罪は増えています。子どもたちが悪いことをするのは親の愛情が感じられず、もっとかまってもらいたいという気持ちが、心のどこかにあるからだと思います。だから親は子どもと一緒に過ごす時間を大切にし、しつけをしっかりとして子どもたちの気持ちに応えてほしいと思います。

教師になって十年になるという、二歳の男の子のいる女性の小学校の先生が、家庭と仕事の両立に疲れは感じていないと話していました。自分の子が熱を出してしまい、授業ができずに生徒に迷惑をかけることもあるそうですが、子どもたちが、「赤ちゃんはもう大丈夫?」と優しい言葉をかけてくれるので、また頑張ろうという気持ちになるそうです。もし子どもたちが家庭で、「女の先生は休むからだめだ」と聞かされていたらどうでしょうか。優しい言葉は恐らく出てこないでしょう。親の言葉は子どもの行動に影響を与えます。充分に気をつけたいものです。

一方学校でも、子どもたちの不登校が増え続ける中での、受験競争やいじめなどの問題を抱えています。このような中で、思うように進まない授業や生活指導などの激務で疲労困憊した教師さえもが、不登校を起こし始めているのが現状です。このように学校でも、子どもたちも教師も大きなストレスを受け、それがさらに大きな問題を起こす原因になっています。学校では受験目的の知識を身につけることから、「生きる力」を身につける方向へと変えていこうとしつつあり、国としても学校としてもいろいろと考えてはいるようですが、なかなかうまくいかないのが現実のようです。

第二章

大事にすることと過保護の違い

育児とは自分の命を使うこと

子どもにはそれぞれの個性があります。勉強よりもスポーツが好きな子もいます。勉強はちょっと苦手だからと、プロゴルファーになった少女を知っています。

下半身が不自由になっても、

「死ぬことよりも、生きることのほうが勇気がいるから」

といったスポーツの選手を知っています。一瞬の事故で生死をさまよった結果、不自由な体になっても生きていることの喜びを感じているといいます。

食べ物もろくに与えないまま死に至らせる親がいる一方で、夫に死別しても「子どもは宝だ」と、どんなことをしてでも子どもを守ろうとする母親には頭が下がりました。言われてもなかなかできないことだと思います。

それはテレビで見たのですが、使わない電気器具のコンセントを抜き、ちょっと足りない調味料などは、亡くなった夫の実家でいただいたりもして、母と子四人がまるでクラブ活動でもしているような雰囲気で、とても楽しそうに料理をしたり、ゲームをしたりしていました。この母親の逞しさに感動したものでした。また亡夫の母親も快く協力している様子でした。人からはケチと思われても子どもを守ろうとする母親は、子どもに囲まれて、あたたかな家庭を築いているのでしょう。

子どもが二歳くらいの時に二人目の子ができると、そちらに母親が目を向ける回数が増えてきます。二人目が生まれたとたん、上の子が言うことを聞かなくなったのだそうです。母親はなぜだろうと考えました。そして、二人目の子の名前を呼ぶ回数が多く、手をかけることが増えていることに気づいたといいます。子どもは敏感なのですから、差別をせず、うまくコントロールすればよいと思います。例えば何かをするにも、子どもとままごと気分で接するように、親の気持ちの転換が必要でしょう。

それにしても不慣れな育児に混乱した時には、思わず手を上げたり怒鳴ったりすることもあるでしょうが、子どもを育てることが「使命」だと思ってやっていけばよいのです。

思いどおりに行かないと思わず、子どもに向かって「あんたなんか嫌い」と手を上げることもあると思いますが、そうされた子は自分より下の子をぶつといいます。このまま続いて行くといつかは何か起こりそうな気がしますが…。

「使命」とはまさに〝自分で自分の命を使う〟ことなのです。

なぜ、よその子と同じでなければならないの

今の子どもたちは塾だ、英語だと習うことが多すぎるように思います。そんな詰め込みから、曲がった心になることもあるように思います。また、知り合いの家の

子どもが有名校に入れば、わが子もと思うのは無理からぬことでしょうが、問題は学校ではなく、その子なりによき友を持ち、自分で生きていく道を見つけるかどうかではないでしょうか。そして親も、子どもが自信を持って自分が選んだ道を進めるように見守り、そういう時期を大切に守ってやることのほうが必要ではないでしょうか。

私も娘が中学から高校にかけて難しい年頃がありましたが、ピアノ鑑賞会に親子で出かけたり、学校祭には率先して見にいき、また学校に花いっぱい運動があれば喜んで買いにいくというようにしました。ちょっとしたことが、子どもには励みになると思います。

ほかのことについては、あまりくどくど言うのは好きではありませんので、そっとしておき、争うよりも、くじけることなく進むことが大切と思い、見守ってきました。これまでも不登校などもなく済みました。今は女子大から大学院に進み、国文学の分野で励んでおりますが、これからも応援していくつもりです。

今振り返ると、昭和三十年から四十年の頃は、人の心も社会もこんなに乱れていなかったように思います。娘も幼稚園の時に農作業の都合で迎えに行けないこともありましたが、三キロの道程を、途中からは一人でよく無事に帰ってきたものと、あの頃がなつかしく思われます。

母は娘がよその子と遊ぶのを嫌がっていましたが、子どもにとっても自由に遊んだり、わずかのお小遣いで好きなものを買って食べたりといったことくらいですから、好きにさせていました。それがよかったのでしょう。母がよその家のことをあれこれ言いますと、娘のほうが「そんな人ではない」と言ってかまわず遊びに行ったことを思い出します。

小学校の遠足の時も、子どもたちが決められたわずかなお小遣いで、上手にいろいろな物を買っていたと先生から伺ったとき、感心したことがありました。

子どもは子どもなりに皆平等に考え、遊ぶ心があったのではと、数十年前を思い出し、親としては多少恥ずかしい思いもしています。
あの頃は時間にゆとりがあり、特に危険なこともなく、よい時代だったと思います。

いい母親になるということ

ある有名な方の娘さんが、十六歳のころ突然、それまで続けていたピアノをやめて空手や乗馬といった、親にしてみれば意外なことをやりたいと言い出して、びっくりしたことがあったそうです。よくよく聞いてみると、何不自由なくお稽古ごとをやらせてもらってはいるが、何か物足りない、何か寂しさを感じるということでした。そして「糸の切れた凧のように、どこかへ行ってしまいそうな気がする」と言われ、ショックだったといいます。

親としては、これでよい、子どもには苦労をかけまいとしていたことが、かえっ

恐縮ですが
切手を貼っ
てお出しく
ださい

112-0004

東京都文京区
後楽2－23－12
（株）文芸社
ご愛読者カード係行

書名			
お買上書店名	都道府県　市区郡　書店		
ふりがな お名前		明治 大正 昭和　年生　歳	
ふりがな ご住所	□□□-□□□□	性別 男・女	
お電話番号	（ブックサービスの際、必要）	ご職業	

お買い求めの動機 1．書店店頭で見て　2．小社の目録を見て　3．人にすすめられて 4．新聞広告、雑誌記事、書評を見て（新聞、雑誌名　）
上の質問に1．と答えられた方の直接的な動機 1．タイトルにひかれた　2．著者　3．目次　4．カバーデザイン　5．帯　6．その他

ご講読新聞　新聞	ご講読雑誌

文芸社の本をお買い求めいただきありがとうございます。
この愛読者カードは今後の小社出版の企画およびイベント等の資料として役立たせていただきます。

本書についてのご意見、ご感想をお聞かせ下さい。

① 内容について

② カバー、タイトル、編集について

今後、出版する上でとりあげてほしいテーマを挙げて下さい。

最近読んでおもしろかった本をお聞かせ下さい。

お客様の研究成果やお考えを出版してみたいというお気持ちはありますか。

ある　　ない　　内容・テーマ（　　　　　　　　　　）

「ある」場合、小社の担当者から出版のご案内が必要ですか。

希望する　　希望しない

ご協力ありがとうございました。

〈ブックサービスのご案内〉

小社では、書籍の直接販売を料金着払いの宅急便サービスにて承っております。ご購入希望がございましたら下の欄に書名と冊数をお書きの上ご返送下さい。（送料１回380円）

ご注文書名	冊数	ご注文書名	冊数
	冊		冊
	冊		冊

て子どもを苦しめることになっていたのではないかと考えたと聞きました。子どもは幾つになっても、親に存在を認めてほしいという気持ちがあります。また子どもは年齢によっては素直になれない時期もあるので、親にしてみるとどうしてよいのか分からないときもあるでしょうが、成人するまでは辛抱強く付き合ってほしいと思います。

いい母親になるということは、何でも子どもの言いなりなって過ごすのではなく、しっかりとした目で子どもを見つめ、見守り、時には厳しく、また優しく導くことです。うっかりすると、子どもの言うことを聞いていることがよき母であるという錯覚を起こしがちですが、まず親自身がしっかりしていなければなりません。

京都小二殺害事件、ハイジャック、新潟女性監禁事件などを見て、犯人の家庭環境を考えるとき、それまでに何かそれらしい兆候があったのではないかと思われます。親が気づかぬうちに、子どもは自分の思うようにいかないからといって家に閉じこもり、子どもの不満が外へ向けば、いつかこれらのような恐ろしい事件を起こしてしまうのですし、内へ向けば溺愛する母に暴力が降りかかるのです。

すべてに言えることですが、与え過ぎても足りなくても、子どもの心は曲がってしまうような気がします。

また虐待をする女性には、真面目で、完璧志向の人が多いのですが、自分が両親から愛された記憶が無く、そういう自分が嫌いになるといいます。

よき母親になりたいという気持ちがあるのに、自分と似た子に愛情が持てないともいいます。よく聞いてみると自分も虐待を受けたことがある場合が多く、心の傷の深さゆえに行動が屈折してしまうのだといいます。

しかしどんな理由があるにせよ、しつけという理由で子どもを殴ったり蹴ったりすれば、子どもの心は逆に曲がってしまいます。優しく言って聞かせれば分かるはず、年相応の遊び心で気楽にやれば、言うことも聞けるようになると信じます。

昔から七歳までは子守をつけるものだと言われてきましたが、今は七歳といえば学校に行き始めますから、つくづく時代とともにこうしたことも変わっていくものだと感じていますが、幼稚園くらいまでは、出かけるときは手と手をつないで、離さないように心がけることが、ぬくもりを感じ、幼児を守る親としての務めのように思います。

現在は近くに働く場や、習い事のできる場が充分すぎるほどありますから、母親の立場を忘れがちで、子どものことよりも自分のやりたいことに走りがちです。しかし子どもを産んでおきながら、自分のやりたいことを優先するのは無理がありますから、せめて子どもが学校へ行くようになるまでは諦めて、子育てに専念していただきたいと思います。

そして、子どもを産んだからにはどんなことをしてでも育ててほしいと思います。医者に母乳を飲ませる努力が足りないと言われ、ショックを受けて母親をやめたいと言った人がいます。

また一歳半の検診で、言葉が遅いのは母親の言葉かけが少ないからと言われ、自分の育て方を否定されたようで自信をなくしたという母親もいます。

しかし最近、体重五百グラムほどで誕生した全盲の女の子が、十五歳まで生き抜いてきたという話を聞きました。頭は鶏卵くらい、指は爪楊枝ほどだったという小さな小さな命です。父親は事故で亡くなり、母親の手一つで育てたといいます。母親の苦労はどれほどだったでしょう。

母乳の飲ませ方や、話し出すのが遅いのを医者に言われれば、それなりに気にはなるでしょうが、それは実家の母や、嫁ぎ先の母に言われたものと考えて、子育てにやる気を失わず、小さな命を大切に育ててやってください。

親も子どもも「がまん」が足りない

子どもを虐待し、死に追いやった結果、自分は思いどおりになったのかもしれませんが、その後は自分で罪を償わなければならないのです。

また子どもは親の背を見て育つと言われますが、身勝手なこととは知りながら、こらえ切れないという人が多いようです。

外国では「嘘を言わない」「友だちと仲良くする」ということを、常に子どもに言い聞かせる人が多いという統計上の数字が出ているようですが、日本はどうかというと、親がその水準に達していないのではないかと見る専門家もいるそうです。

新聞やテレビでも毎日のように、母親が子どもを殺したなど考えられない事件が報道されていますが、昔の人は「子は鎹《かすがい》」といって、どんなに姑にいびられても、夫に殴られても子どものことを考えると出ていくこともできず、子どもを支えに辛抱したと聞きます。子どもがいるからどんな苦労にも耐えられるという人がいる一方で、私には「この子さえいなければ」と簡単に子どもを殺したりする親の気持ちは理解できません。子どもがいなくて、どう生きていくのですか。それとも私が子どもが好きだからこんなことを考えるのでしょうか。

私の妹は、数年前に一年二か月の子どもを亡くしています。医者には消化不良といわれ、幾つもの病院で見てもらったにもかかわらず、助からなかったことを妹は非常に悔やみ、苦しんだ様子で、おもちゃなどはしばらくの間見るのも辛かったようでしたが、これが本当の親の愛情ではないでしょうか。

また、病院でも見かけますが、世の中には障害をもった子どもの親も少なくありません。しかし、皆それぞれに懸命に生きておられます。大変なのは、あなた一人ではないのです。それぞれにできることをして、必死に生きているのです。家族がいて助け合い、日々を大切に生きて行くことでそれなりに長い歴史ができ、また核家族はそれなりに別の新たな歴史が生まれるのです。どんなに小さな命でも家族の一員になれば、思い出ができてゆくものです。

本当に子どもは支えになるのです。

あるお年寄りが風邪をひいたとき、息子さんの所へ電話をしたら五歳の女の子から大人びた口調で、

「苦くても、がまんをして薬を飲まなくては治らないよ」

と言われ、慰められたと話してくれました。親の受け売りと思いながらも、何よりの薬になり、間もなく全快したということです。子どもはどこへ行っても支えになるのです。

この世に生まれてきたものは、大事に育てなければならないのです。病気や事故など、思いもよらない悲しいことがある世の中だからこそ、大切に育てなくてはならないのです。大切に育てられた（といっても、子どもの思いどおりにさせたというのではなく）子どもは、やはりそのように育つものです。親の背を見て、親のしてくれたように育ちます。がまんのできる親の子は、自然にがまんができる子に育っていくものなのです。

私たちが十六、七歳のころは、食べる物も着る物もすべて自分で作らなければ暮らせない時代でした。それで私も中学校を終えると、家の手伝いをしつつ東京の服装学院から、洋裁の独習書（今の週刊誌くらいのもの）を取り寄せて、私が原型をとり、母が縫うということをしていました。

終戦後間もなくのことで、母にも何かと苦労をかけ、母もまた娘に苦労をかけると言いながら、お互いに助け合って暮らした時代でした。

私は七人兄弟で、兄は農家を継いでいましたから、長女の私が妹や弟の食べるものや着るものを、母と一緒に作らなければならなかったのです。それでも親兄弟と一緒に暮らせることはありがたいことで、それ以前は、十七歳といえば親兄弟から離れて軍隊に入り、場合によっては飛行機を操縦して戦地へ行かなければなりませんでした。

それにしても、今は親も子もお金さえ出せば何でもそろう時代です。こうした時代だからこそ親子の絆を深め、信頼できる家族構成が必要になるのでしょう。お金さえあれば、その時代のものを買い与えることができると思い、親子とも勝手な行動がすぎると凶悪犯罪につながります。また経済的に恵まれた家庭ほど、このようなことがありがちな気がします。

現代では子どもをあずかってくれる施設も多く、子どもと離れてみることも必要ですが、子どもをあずけて遊びにいくとは、という周囲の考えもまだまだあります。

私も、若いころから勤めに出たいと思ってはいましたが、父親の反対にあったり、環境が許さなかったりで、芸事を習い、農家の仕事を手伝ううちに農家に嫁ぐことになりました。そのうち時代が変わり、近くに働く所もできてきましたが、娘が小さいうちはがまんしていました。

中学・高校のころは難しい年頃です。扱いにくく、自分でできることでも親にやってもらいたがって甘えたり、少しのことで気持ちが変わったり、またお小遣いを多めに与えれば遊ぶことしか考えず、少なすぎれば他人に迷惑をかけかねません。そのように難しい時期もあるでしょうが、子どもを持って初めて親の苦労も分かってくるというものです。

子どもを怒るのは幼稚園児から小学生くらいまでだと思います。それも程度問題で、ぶったり蹴ったりはいけません。よく言い聞かせることが大切です。成長したとき、日常生活で心があたたかくなり、やる気が出てくるような言葉をかけて、子どもの心を育てることが親の務めのように思います。

一方青少年に対しても、私は十代後半の少年たちを責めるつもりはありませんが、もう少し冷静に物事に対処する気持ちを養ってほしいと思います。「がまん」という言葉を忘れてはなりません。

携帯電話もテレビゲームも、何でも欲しい物は手に入りやすい時代ですが、こうしたことをみても、今の人はがまんが足りないと思います。

少しばかりのもめごとで人を殺してしまうのも、がまんが足りないからでしょう。

第三章　子どもには子どもの考えがある

子どもたちの本音

若者の皆さんは、自分で自分を守り、命を無駄にしないでください。コミュニケーションを大切に、ストレスを溜めずに明るく夢をもって生きてください。『プロジェクトX=挑戦者達』のように夢を叶えられる人になってください。

一方、大人は悪いことは悪いと、善悪の区別をしっかりと子どもに伝え、大人自身もそれを実行し、子どもたちに信頼されることが大切です。また子どもも、生まれてから親が七五三など折々にしてくれた祝い事を思い出し、親への感謝を忘れてはなりません。日本人でアメリカ大リーグの新人王になったという野球選手は、母親が神社で受けてくれたお守りを大切にしているそうです。

この年になってもまだ母には生きていてほしいと願う私にすれば、親を殺すというようなことは信じられません。育ててくれたことを親に感謝し、大人になったら一生懸命に働いて、親を安心させるのも子どもの務めです。それが親にとって何よりもうれしいことなのです。
ある歌の一説にこんな歌詞がありました。

親という字を　よく見てご覧
立って木を見る　それが親
苦労しながら　育てた木
今日咲く花が　実になって
孫という名の　孫という名の
芽を出せと
祈る幸せ　祝い唄

文明の改革かなにかよく分かりませんが、それとともに家族が憎しみ合うような社会は間違っています。家族が助け合い、平凡でも憎しみのない社会、助け合っていける社会になることが大切です。

一方、親はついつい子どもに対して、まだ子どもだからと、親の考えを押し付けがちですが、子どもには子どもなりの思いがあるのです。また親はもっと子どもとの触れ合いを大切にし、寂しい思いをさせないでください。

私の娘が小学校のころは、母の実家やその妹の家にもよく出かけたものでしたが、中学・高校と進むにつれ、いろいろな刺激もあったのだと思います。それまでは母がお弁当を作ってくれていましたが、ある朝突然、

「今度からお母さんが作ってよ」

と言われたことがありました。それまでは、母は孫かわいさで作ってくれているのですし、私自身も作ってやりたい気はあっても、母とつまらぬ諍いになるのを避けたくて、そのままになっていたのです。私は母に気遣いつつ、

「誰が作っても同じじゃないの」

となだめたのですが、母は何も言わずに聞き入れてくれました。

普通は母親が作ってくれる人が多いのでしょう。母との諍いを恐れ、よけいな気を遣っていたと同時に、担任の教師からは一人っ子のようには見えないと言われ、安心していた自分を恥じたことを覚えていますが、親が気づかないことでも、子どもにとっては、何か違うような気がするといったような思いがあるものなのでしょう。

子どもが何を考え、望んでいるのかを、親はしっかりと見つめなければならないと思います。

先日見たテレビドラマですが、会社をリストラされた父親が、わずかな資金でコンビニを開くがうまくいかず、三百万の借金を残して家出をしてしまいます。残された母娘は互いにいたわりあいながら暮らしていますが、学校では何人かの生徒によって母（文江）の作ってくれたお弁当を公園で捨てられたり、運動着をはさみで切られたりします。その切り裂いた運動着をアパートの前に嫌がらせで置きにきた生徒が、文江の債務者にそこの娘と間違えられて誘拐されそうになったため、その生徒は債務者を、持っていたはさみで刺し殺してしまいます。婦人警官に、

「お友だちの運動着など盗んで破ったりしなければ、こんな罪を犯さずに済んだのに、お母さんを悲しませなくて済んだのに……」

と言われると、その生徒は、

「お母さんは、毎日音楽会や芝居を見に行ってしまう。お弁当なんか作ってくれるような人じゃない」

とうなだれ、大きな事件を起こしてしまったことを反省しているようでした。それを見た文江は、逆に、

「自分のためにこんな事件を起こすことになってしまった」

と生徒に頭を下げていました。

心の優しい人なのでしょう。この親子のように、いたわりあいながら毎日を暮らしていたら、きっと素敵な心の子どもが育つと思います。

なぜキレる？

子どもは八歳ごろまでに、脳に分泌するセロトニンの量が少ないと、キレる行動が起こりやすいというデータがあるそうです。

このセロトニンの分泌を促すためには、家族そろっての食事が大切だそうですが、特によいのが、バーベキューだといいます。せせらぎのある場所で、季節を感じ、解放感に浸りながら、家族でおいしいものを食べるということが良いそうです。

日曜日のテレビで「ようこそ先輩」というのを見ています。さまざまな分野で活躍している人たちが、自分の卒業した小学校を訪れて、主に六年生に自分の分野の話をしたり、実習をするというものですが、小説家・奇術師・ジャズ演奏家・津軽三味線の演奏者・フランス料理のコックと実にいろいろな人たちが登場します。最初は不安そうな子どもたちも、二日目には先輩も驚くほど積極的になり、出来栄えもすばらしくなって、別れるのが寂しいほどになるそうです。

なぜ小学校の頃には物事を素直に見聞きすることができるのに、中学・高校と進むにつれて考え方が変わってくるのか不思議でたまりません。

フランス料理の先輩の授業で、子どもたちが作った料理を、親にもご馳走しようということになり、皆がそろったところでどんな料理をどんな時に食べるのがおいしいかを尋ねたところ、

「家族がみんなそろってする食事が一番おいしい」

という答えが返ってきたそうです。

子どもたちは敏感ですから、そんな小さなことでもそんなふうに感じるのでしょう。小さいころから食事のときに、友だちのことや学校のことなどを話しながら食卓を囲むことのなかった少年が、善悪の区別もつかない人間になっていくように思われます。

そうした小さな親子の絆が、子どもの成長に大きく関わってくるのですし、その小さなことの積み重ねで、子どもがキレることがなければこんな良いことはありません。

少年たちが百五十二枚の一万円札が入ったバッグを拾い、交番に届けたところ、持ち主はすぐに見つかったのですが、そのうちにお礼に伺います、と電話があったきりで、何の音沙汰もない、少年たちは毎日連絡を待ち続けているので、落とし主には、拾ってもらったことへのお礼を言うことをきちんと態度で示してほしいと、警察から落とし主に連絡をしてもらったところ、今度は少年たちの都合もかまわず交番で会うと言い、他の少年と一緒に行った親に、

「今日、お礼を届けるつもりであった」

と言うだけで、拾った当の少年には会う必要もないという態度。相手が高校生なのでいい加減な気持ちなのでしょうか。

また、自転車に乗っていたところを車にはねられて、頭を八針も縫う事故に遭った少年の場合も、二か月たっても加害者が保険会社に処理を任せたきりで、謝罪にくることはなかったといいます。

キレる十七歳と言われますが、少年たちが反社会的行為に走るまでには、その純粋な心を、何度も何度も踏みにじってきた、不真面目な大人の存在があるのではないでしょうか。こうした大人たちの態度が、次の世代を継いでゆく少年たちにどれほどの不満を感じさせたことでしょう。

なぜ拾ってくれた子にはその場できちんとお礼を言い、けがをさせた子には詫びることをしなかったのでしょう。さらには、警察も少年にきちんとお礼を言うことを、その当事者に伝えてほしかったと思います。

少年たちを責める前に、私たち大人の行動も見直さなければならないでしょう。すべての大人が模範を示し、まじめに対応してほしいと思います。

次の世代を継いでほしいと願うなら、私たちももっとしっかりとした態度で若者たちと接し、指導していかなければなりません。

「ありがとう」、「すみません」、「ごめんなさい」などの挨拶と礼儀を、大人がきちんと表し、示すことが大切だと思います。

子に対する親の注意の仕方なども、気をつけなければならないことでしょう。

「子どもだって親のことを思っている」のところで少し詳しく記すことにしますが、親から注意されたことはきちんと聞くが、こちらの指摘も親がきちんと受け止めてほしいと子どもは思っています。これが互いに認められないで、さらに親が暴言を吐くようになったら、子は親を尊敬するどころか「うぜぇー」ということになってしまいます。

コミュニケーションが足りない？

　このところ五千万円もの恐喝や主婦殺害、バスジャックなど何ともやり切れない少年犯罪が相次いでいます。

「人を殺す経験がしてみたかった」

という少年の言葉に、私たちは二重のショックを受けるとともに、このような事件をどのように受け止め、また防ぐためにはどうすればよいのかと考えているところです。

　いずれにしてもこの年齢（十三歳から十九歳）は難しい年頃ですから、親も我が子ながらどうしたらよいのかと迷うこともありますが、これら罪を犯した少年たちは、

「あたたかい家庭がほしい」

「もっと叱ってほしかった」

と言っています。それが直接罪を犯すことになった原因かどうかは分かりませんが、とにかく親子のコミュニケーションがなく、『寂しい』がキーワードだそうです。

また、この少年たちの共通点は、

「お母さんも仕事をもち、手作りの料理で家族一緒の食事をしたことがない」

というものです。

少年事件の担当者は、世間体を気にして勉強、勉強とばかり言い、実は子どもが何をしているのか知らない親に問題があるといいます。子どもが罪を犯した親は、子の罪を認めず、弁護士費用として三百万円を出したとか。それを見ていた少年は、

「親に一度も叱られたことがない」

と寂しそうに話したそうです。

若者たちが起こす事件を考えた時、私は一瞬こんなことを思いました。

「大人の社会が彼らを守ろうとせず、認めようともしなかったために、何人もの犠

牲者が出た。彼らの心の悲鳴に大人たちはもっと耳を傾けるべきだ」と。

寂しさや、家庭、学校への不満をもった少年たちは、同じ仲間を求めて不満を分かち合い、集団になることで、不満を爆発させる傾向が見られるということなのです。

犯罪に巻き込まれないようにするためにも、『いや！』と、はっきり言える人間になってほしいものです。脅しにあって素直に応じると、相手はますますつけあがります。

警視庁生活安全部管理官は、親が子と接するときは、子どもをあやす時のように、目の高さを同じにして話をしてほしいと言っています。

子どもだって親のことを思っている

子どもは親の愛情を感じたいといいます。

娘が小学校の頃、家に友だちを連れて来たことがありました。しかしランドセルを背負ったままでしたので、

「私があなたの親ならとっても心配するわ。あなたのお母さんもきっと心配していると思うから、一度家へ帰ってからいらっしゃい」

と話しました。

後日その少女は娘に、

「○○ちゃんは心配してもらえていいねェ」

と言っていたそうです。

また別の男の子が遊びに来たとき、娘に、

「おばちゃんは〇〇ちゃんのこと、好き？」
と聞くので
「もちろん好きだよ」
と答えると
「僕のお母さん、僕のこと好きかな…」
と不安そうな顔をしたといいます。

子どもはみんな親に愛されたい、自分のことを分かってほしいという気持ちでいっぱいです。そして親から愛されているという確信が持てれば、自分のことをかけがえのない存在として考え、人生を大切に生きて行くことができるでしょう。

少年による最近のさまざまな事件を耳にすると、他人のことはもちろん、自分の命を大切に考えることができない子どもが増えているのではないかと思えてきます。

忙しい親が増え、子どもと正面から向き合うことが難しくなってきていることが懸念されます。

子どもに対して、親や周囲の大人が、

「あなたは、かけがえのない大切な存在なのだ」

と、いろいろな形で語りかけていく必要があるように思うのです。

時代は変わっても、教育の根本は同じだと思っています。子どもは言葉一つで成長すると言われるように、日常生活のなかで心があたたかくなって、やる気を起こすような言葉をかけ、子どもの心を育てるという言葉遣いが大切だと思います。

中学へ行くようになったら特に、追い詰めるような言葉ではなく、励みになるような言葉をかけてほしいと思います。例えば遅くなって帰宅したときも、

「こんなに遅くまでどこで何をしていたの！　言い訳なんかしても信じられないから」

と叱るよりも、

「信じているけれど何かあったら困るから、連絡だけはしてね」

と穏やかに話す。

「そんなことといつまでやっているの」

と言うよりも、

「飽きずによくやっているね、好きなことを仕事にできたら素敵だよね」

と応援するように声をかける。

「親の言うことを聞かないで、勝手なことをして」

と責めるより、

「誰だって失敗することはあるんだから、気にすることはない。この経験を生かせば勉強になるよ」

と励ます。

しかし子どもの心を、何気ない言葉で傷つける大人のなんと多いことでしょう。こうした言葉で傷つけられた子どもは、いざという時に耐える力がないような気がするのです。大人も言葉には注意が必要です。口論になったときに冷静に子どもの気持ちを考えてやりたいものです。

「お前なんか産まなきゃよかった」

と言われた子は、かなり傷ついたといいます。冷静になれない相手だとは分かっていても、相当に傷ついたと聞きました。

逆に子どもは、親が怒らないように気を遣いながら、直してほしいところを話しても、

「はいはい、うるさいな」

という返事が多いそうです。

親から注意をされた子は直そうとしているのに、親は子から指摘されても直そうとしない、これでは子どもはどのように対応したらよいのか迷うばかりです。

このままいけば、前に書いたようにキレるのも当然でしょう。

夕方の六時頃というのに、まだ子どもたちが遊んでいる声がしますので、そちらの方へ行ってみますと、小学生が数人、街灯の明かりを頼りに漫画を読んだり、ボール蹴りをしています。暗いからそろそろ帰るように言うと、

「だって家に誰もいないんだもの」

「家ってちっとも楽しくないんだ」

「家の親は口うるさいったらありゃしない」

と、口々に不満をあらわにしていました。

子どもたちはある年になって突然変わるのではなく、小さいうちからの一つ一つの関わりで変わっていくものだと思います。小学生の子どもを持つ親は、もっと触れ合いの場を多く持ち、子どもたちに寂しい思いをさせないでほしいのです。

中学生や高校生がわざと煙草を吸うのも、虚無感や孤独感の現れではないでしょうか。親にもっと見つめていてほしいという子どもの気持ちを、少しでも察してやれる親であってほしいと思います。

難病を抱えた母親を助けて、三人の兄弟で頑張っている子もいます。

「お母さんは一人で、私たちを育ててくれました。寝ている顔はまるで死んでいるようですが、お兄ちゃんと様子を見ていると『大丈夫よ』と言ってくれます。ちょっと買い物に出かけても心臓が苦しくなるそうですが、お母さんは自分たちを産んで育ててくれたのだから、生きているうちは親子で力を合わせて生き抜いていこうと思っています。お母さんから産まれて本当に幸せです」

というこの子の心は本当に立派だと思います。いつまでもこの心を大切に、夢を持って生き抜いてほしいと願わずにはいられませんでした。

第四章　子どもに何を教え、何を伝えるか

育成は学校、教師、家庭の三位一体で

明日を見つめて輝く子どもたちの瞳は、親にとって子育てへの大きな励みです。子育ての支援の第一歩は、子どもを欲しいと願う人が安心して産み育てられる社会、そして子どもたちが健やかにたくましく育っていける社会を、みんなで築き上げて行くことにあると思います。

不登校やいじめ、少年犯罪が続発するのは、子どもたちが未来への希望をもてなくなっているからではないでしょうか。

新しい命が家族に加わったとき、この子はどのような時をどのように生き、どのような人と出会うのだろうなどと考えると、やはり環境を良くして子どもたちが安心して学べる場と、親が心豊かに過ごせる社会を築くことが第一ではないでしょうか。『心の改革』こそ急務であると思います。

今大人たちが、物欲にとらわれた生活を反省し、子どもたちに伝えなければならないことは、

「何のために学び、生きるのか」

ということではないでしょうか。これが曖昧なままでは、いかなる教育改革もかけ声倒れに終わるような気がしてなりません。

言葉で『改革』というのは簡単ですが、「仏作って魂入れず」では困る、と子どもたちが教えてくれているような気がします。

またテレビや雑誌、ゲームなどには暴力シーンが氾濫し、一方では幼児虐待などのニュースが珍しくない現在、子どもたちに悪い影響を与えていることは否定できません。テレビゲームではキャラクターが何度でも生き返り、また繰り返し殺すことができます。そんなことを毎日やっているから、本当に人を殺してみたいと思うようになるのです。そのようなソフトを開発する会社も会社で、金もうけになれば

それでよいというのでしょうが、そのような物は禁止してしまえばよいように思います。

「命の尊さ」を子どもたちに伝えることができなくなった、大人社会への問題提起も含めて書いてみたいと思います。

子どもが学校に入ると、親も子もいろいろな期待に胸が躍ります。しかし授業や給食、友だち関係などは、保育園や幼稚園よりも少し厳しく、最初は緊張もし、疲れることもあるでしょう。親としても、自分の子がみんなについてゆけるだろうか、学校に行きたくないと言い出したらなどという不安も生まれると思います。しかし学校と家庭そして友だち同士が支え合ってやっていかなければなりません。まず親たちが迷わずしっかりとした心構えで臨むことです。

子どもは成長するに従って自分の夢が現実に近づいていきますが、それに反するような事件も起きてきます。

現金を脅し取られたり、いじめが原因で自殺したりなどということを聞くと家族はどんな思いをしているのでしょう。そして恐喝した子の家庭はどのような家庭なのかと思わずにいられません。

学校は何の手立てもないままにしておくのでしょうか。恐喝された少年が、克明に金額を記し、冷静さを失っていなかったことは感心しましたが、もしお金が無かったらどうなっていたでしょう。その少年は今の社会がいやになっていたかもしれません。担任の教師や学校、警察は相談に行った親子に、なぜ真剣に取り組まなかったのでしょう。

このような時は、授業が気になっても一時学校を休ませて身を隠し、警察に任せるなど何か方法があったはずです。暮れの募金が助け合いならば、このようなことも、助け合いにつながるのではと残念に思います。

いじめも深刻な問題のひとつです。なぜいじめがそんなに面白いのか、どんなメリットがあるのか分かりません。

いじめられた子は誰にも話せず、孤独になって死を選ぶことになります。よく話し合える家族と、きちんと話を聞いてくれる学校の先生や警察の人など、みんなが一体となって子どもたちを守らなければなりません。仕返しを怖がって話せない、というだけではないと思います。この少子化の時代に少しでもこのような事件をなくし、子どもたちが安心して勉強や運動ができるようにするのが、大人の責任というものでしょう。

いじめがエスカレートすれば、恐喝になり、人を脅して金品を奪い、暴行を加えて死に至らせることになります。物事の善し悪しの判断さえつかないほど狂っています。

物事の善し悪しの判断は、子どもが小さい内に親が身につけさせるのが本当だと思います。

少年が何か目立つことをして自分をアピールしたいといっても、それが良いことでなければ無駄になります。また少女が蝶を千匹も孵化させるというような、ごくささいなことでも、良いことならそれは人々の心に安らぎを与えます。

人それぞれの思いがありますが、教育は国にとって次代の社会を担う人間を育成するための重要な政策のひとつです。それを実践するのが、学校であり、教師であり、さらには家庭であることは言うまでもありません。

ある中学校では道徳の授業を保護者や、直接授業に関わらない栄養士の人たちにも公開し、時には参観している人々にもそれぞれの立場での意見や提言を求めて、教科書にない心の教育、さらには、生命や人権の尊重などを学んでいるとのことです。生徒たちの発表を聞いていた保護者からは、

「普段家庭では見られない姿や顔が見られた」

「勉強ももちろんだが、健康で楽しい学校生活を送ってほしい」

などの意見が聞かれたそうです。

一つの授業に生徒と親が参加することで保護者にも愛校心が生まれ、保護者との距離がありすぎる学校が多いようですが、この授業のお陰でそれも解消され、よい効果を生んでいると、校長先生が話していました。

ある日、スーパーの前で中学生の男の子が四人、制汗スプレーを吹き掛け合いながら走り回っていました。不快な気分で一時はその場を立ち去りかけましたが、あまりいつまでもやっているので、思わず、

「いつまでやっているの！」

と怒鳴ってしまいました。やった、やっていないと私も大人気なく言い合ううちに、少年がうつむいているのに気がつきました。周囲の人々がどんな目で見ているか、またみんなが反省してくれたようでうれしいことなど話して、もっと別のことをして遊ぶように言って立ち去ろうとしたとき、背中で、

「すみませんでした」

という声が聞こえました。思わず胸が熱くなりました。

少年たちは自分たちも悪いこととは分かっていても、集団になると周りが見えなくなるようです。そんな時大人が一言気づかせてあげれば、子どもらしい純粋な心は再び戻って来ます。少年たちの目はまだ幼く、かわいくさえ感じました。その瞳を濁すのも輝かせるのも周囲の大人です。

昔は小川へ遊びに行って夢中で魚を取っているうちに、早苗の植えてある田圃に入ってしまい、よく叱られたものでした。誰彼となく気がついた人が注意をし、皆で悪いことはきちんと教えてくれました。こうして成長し、社会の常識を学んでいきました。しかし今は親のほうに「余計なことを」という感覚すらありますから、教えようがありません。

善悪の区別を教えるのは学校ではなく家庭の義務です。私は自分の子が間違ったことをしたら徹底的に叱り、良いことをすればおおげさなくらいに褒めるようにしてきました。文字が書け、足し算ができることよりも、社会のルールや挨拶を、親が幼児期にしっかりと教え込むべきだと思います。

また「自分の子さえよければよい」という考えでは駄目だと思います。自分の子も他人の子も、悪いことをした時は愛情をもってきちんと注意するようにしたほうがよいでしょう。

親が、教師が、社会全体が子どもたちをあたたかく見守り、注意してやれるようでなければ、これからの日本の社会は良くならないと思います。

現代の親たちは教育に焦りを感じ、幼稚園に入ると塾へ通わせたり、習い事を始めさせ、子どもは何かする余裕もないほど、時間に追われる生活をしているように思えますが、むしろ大切なのは、親子で自然に触れ、楽しむ時間を作ることではないでしょうか。野山に出ていろいろな生き物に出合い、植物を見ることによって、その子の性格や趣味が分かり、そこから興味をもったことへと成長がつながれば、無理のない教育ができるように思います。
あまり小さい頃からの詰め込み教育は、幼稚園も喜んではいないのが現実です。

誰もが犯罪者に似た一面をもっていると思いますが、思い悩んだ時に気軽に相談できる大人が身近にいることでどれほど違ってくることでしょう。学校の先生には存在を認められず、親にも目をかけてもらえなかった少年の心が荒れるのは当然のことです。大切なのは、大人が彼らの心をしっかりと受け止めることです。そして私たち一人一人が助けを必要とする人を、いつでも受け止めてあげられるようになるべきです。

育成の場として職場の体験もよいと思います。働くことの尊さを知ることは大切ではないでしょうか。
ある中学校ではこうしたことも授業の一環として、保育園・病院・老人介護施設・

コンビニ・工場・美容院・銭湯などで行っているようです。

会社の食品部門でパートの人に混じって、食材のパック詰めを黙々としている細い肩がなんとなくいじらしく感じられます。今の世の中情報はあふれていても、自分自身でじかに体験する機会が減っています。そんな時代の子どもたちに物を作ること、売ること、お金を稼ぐことの大変さを体験させることはとても有意義なことです。

「働くことは大変だ、大人は偉いな」

という反応が返ってくるといいます。職場体験は、子どもたちの心にある、純粋なものを引き出す有効な手段の一つであると思います。

一方、教師も自分の分野だけをいかに効率よく指導するかということばかりに注意が向き、それ以外には関心がないように思えます。事実、生徒の服装が乱れていても直接注意する教師は少なく、校歌斉唱で歌わない生徒がいても当然のように思っている教師がいるように思えます。学校のグラウンドに空き缶などが落ちていても皆「我、関せず」といった様子です。

このような状態では教師と生徒の人間関係は希薄になって当然、いじめが起きても「知らなかった」ということもうなずけます。教師に求められるのは、生徒に対して、同じ一人の人間だという意識を持つことだと思います。まず生徒のことをよく理解した上で、次に知識の伝達を考えるのが筋のように思います。

いじめをなくし、子どもの人権を常に尊重しなければならないのは当然ですが、今何が起こり、誰が苦しんでいるのかということを子どもたちと先生、親とでしっかり話し合うことを忘れてはならないと思います。そうすることで子どもたちは人権を尊重し合うことの意味を学んでいくはずです。現在の教育現場に欠けているのは、こうした地道な対話を続ける姿勢だと思います。

先生方は大変だとは思いますが、子どもたちが相談に行ったら、それがどんなに小さなことでも真剣に聞いてやってほしいと思います。そして子どもを追い詰めるような言葉は決して使わないでほしいのです。心が傷ついたとき、とにかくだれかに聞いてほしいという気持ちを理解し、受け止めてやっていただきたいと思います。

自分が大切と思う気持ちで相手のことを考える

子どものころ、「人の命は地球より重い」ということを聞きました。なぜ地球よりも重いのかは分かりませんでしたが、大切なのだと子ども心に思いました。

大人は少年による凶悪犯罪は、テレビゲームや漫画などによる影響だと指摘し、嘆いていますが、しかし人の命を軽んじ、尊ぶことを忘れているのは子どもだけでしょうか。

自衛隊の練習機が訓練中に墜落した影響でその周辺が停電になったら、仕事ができないと文句をいう大人が大勢いました。この事故では人が亡くなっているのです。少しばかりの不便が何なのでしょう。

人身事故で電車が遅れ、道路が渋滞したときに不満を言う人は多くても、亡くなった人のことを考える人がどれほどいるでしょうか。

子どもたちは、命の尊さを忘れたそんな大人たちの無意識な言葉や行動に影響を受けているのだと思うときがあります。大切な一つ一つの命を踏みにじってはいけないことを、大人一人一人がその行動で子どもたちに示していく必要があると思います。

さらに大人は、人間として守るべき最低限のルールを家庭や学校で徹底的に子どもにたたき込み、相手の立場に立って行動することを教えることが、心の教育につながるのではないかと思うのです。

人間は本来自分本位ではありますが、一人では生きてはいけません。

無理なく自分の人生を歩み人に危害を加えないことが、心のゆとりになるのではないでしょうか。人は心によって栄え、欲や金によって滅びるといい、またルールを守ることは社会的な約束事であり、副作用のない精神安定剤であるといわれています。

現代の若者は「大人が悪い」と言うかもしれませんが、そればかりが原因だとは思えません。例えば、終戦直後の混乱期に大人が若者を認めなかったからといって、若い世代が凶悪犯罪で自分たちの存在をアピールしようとしたでしょうか。そのころの若者は、その時代を必死に生き抜くことで存在をアピールしていたように思います。

さらに今の若者は、すぐに大人の責任にして逃げている気がします。若い世代が甘えをなくし、自立することが先決ではないでしょうか。

二十一世紀は今の若者が背負って立つ時代です。その時に社会が混乱した場合、大人がしっかりしていなかったからという言い訳が、国際社会で通じるでしょうか。他人の責任にするのは簡単ですが、そうした甘えの体質こそが少年の犯罪を多発させる原因であると思います。他を非難する前にまず己を省みるべきで、そうした努力を怠らない人間に成長してほしいと思います。

また今の女性は、子を産むのが不安な社会だと言いますが、自分の子が被害者ならばともかく、加害者にもなりうる可能性があるという恐れをも含めたことなのです。今の人たちは自分が傷つくことには敏感でも、相手の気持ちや立場を思いやれないことが多いのではないでしょうか。

昔なら友だち同士で思いっきり遊んだり、喧嘩をしたりして人間としての情操が育まれたと思いますが、最近では近所付き合いの希薄化《きはくか》、親の共働きに加え、テレビゲームのキャラクターを何回でも殺すというような過激な遊びに慣れてしまい、相手の苦しみを理解できなくなってきているとしたら、子どもたちもある意味で被害者といえるでしょう。

これから結婚して子どもを産み育てようとしている女性には何かと不安の多い世の中でしょうが、自分のもっている限りの愛情で子育てに専念することで、必ず報われます。

乳飲み子は、乳を吸いながら母親の顔をじっと見つめて母親を覚えてゆき、子どもは手と手をつないだ温《ぬく》もりを忘れないといいます。

今の世の中子どものことに専念するのは難しいかもしれませんが、子どもは敏感ですから、甘やかせず、素直な気持ちで接していけば、自然と思いは叶うときがくるように思います。

たばこを吸う少年に、

「たばこは害があるからやめようね」

と言うと、どの子も素直にやめてくれました。きっと孤独感や虚無感《きょむかん》が喫煙という形で現れたのでしょう。他人に優しく言われれば、案外素直に聞くものです。

「今の子は何をするか分からないから恐ろしい」

と身を引いてばかりいないで、大人も自分が大切と思う気持ちで、子どもたちのことを考えて声をかけてあげることが大切です。

人は人生を楽しむために生きる

一人の少年が「生きる意味」について疑問をもち、大勢の人に聞いてみたがなかなか納得のいく答えが返ってこなかったが、ある日スリランカの僧と話す機会に恵まれ、この疑問をぶつけたところ、

「人は楽しみたくて生きているのです。それだけです」

と、ただひとこと言われたそうです。

この少年は衝撃を覚えると同時に、長年の胸のつかえが一瞬にして消え、それ以来悪いこと以外には何にでもチャレンジし、努力しているとのこと、人とも仲良くするようにしている、けんかやいじめをするよりも仲良くした方が楽しいからといいます。

誰も皆自分をアピールしたい、目立ちたいという思いはあるでしょうが、そのた

めには大人もするべきことをしないと、少年たちの心も曲がってしまうと思います。

おわりに・子どもが自分で進路選択をできる社会に

責任と自由

成人して大人になっても、何をしてもよいということではありません。他人に迷惑をかけないような行動をとるのが、大人としての責任ではないでしょうか。何事にも各自が自覚をもって接するべきでしょう。

人は自分一人で生きているのではなく、自分を取り巻く多くの人がいてこそ生きてゆけるのです。自分の行動が周囲にどのような迷惑をかけるのかも考えず、「責任ある自由」と、自己管理のないただの「自己主張」をはき違えている人が多いのではないでしょうか。社会で生きていくためには、権利を主張するばかりではなく、義務と責任を負っていかなくてはなりません。また忍耐ということもおろそかにはできません。

これからの日本を担う世代が、改めて自己を見つめ直さなければならない時を迎えているのではないでしょうか。

マナーと公徳心

学校帰りの高校生が数人、コンビニの入り口に座り込んでカップ麺をすすっていました。繁華街の路上にも、所構わず座り込む「地べタリアン」と呼ばれる若者たちも珍しくありません。注意をしても、「放っておいて」と言いたげな目を一様に向けてきます。学力優先で礼儀やマナーに欠けてもそれを個性といい、我が子を厳しくしつける親が少なくなってきていることも事実です。

辛抱《しんぼう》することを知らない若者たちの姿を見るにつけ、自由と放任をはき違えている親の姿がダブって見えます。

二十一世紀には本来の若者らしい快活な姿を取り戻していってほしいと思ってい

ます。専門家は、

「親が目先の流行にばかり囚《とら》われることがよくない」

と指摘しています。親はよその子に負けまいと、いくつもの習い事をさせているようですが、それは子どもが忙しい思いをするだけで、身につかないといいます。それよりも一つのことを長くやらせてその子の個性につなげるほうが、本当の意味での財産になるのではないでしょうか。

また現代の社会で忘れられてしまった公徳心《こうとく》を、日々の生活の中で取り戻していくことも求められます。

「落書きはみんなで消そう」「夜は早く寝て、学校には遅れないように」

など、子どもが当たり前のことを、当たり前にできるようにするしつけこそが道徳教育の第一歩だと思います。足元を見据えたしつけを怠っていては、どんなに立派な授業計画を立てても、その実りを期待するのは難しいように思います。

若者は社会の鏡です。

わがままな大人

二十一世紀のキーワードは、心の教育と環境問題だといいます。環境といってもゴミ問題もあれば、子どもたちを取り巻く環境といったものもあります。

幼稚園は本来園児がのびのびと遊べるはずなのですが、最近は、

「園児の遊ぶ声がうるさい」

「運動会はうるさいから、中止しろ」

「落ち葉焚きは、洗濯物が臭くなる」

など近隣の住民、特に五十、六十代の人からの苦情が多いといいます。子どもが外で遊ばないとか、家でゲームばかりしているという指摘はよく聞かれますが、そもそもそんな世の中にしたのは大人たちのような気がします。もう少しおおらかな心で子どもたちを見守ってやることはできないのでしょうか。

のびのびと遊べる環境は子どもたちの成長に不可欠のものです。園児の中には兄

弟がいない子もあるかもしれません。そんな子は、幼稚園に来てみんなと過ごすことを楽しみにしているかもしれないのです。私は子どもたちの声が聞こえないことのほうが寂しい、子どもたちの声が聞こえると、未来が開けたようにに思えてうれしいものですが。

子どもは子ども同士関わることで、それなりの思考力や、ものに対する感謝の心、相手に対するいたわりなどを学ぶものです。

こうした環境を整えることが必要でしょう。

責任を転嫁する大人・無責任な大人

病院の待ち合い室で騒いでいる子に、「先生に怒られる」というお婆さん、レストランで食べ散らかす子に、「お店の人に怒られる」という母親、帽子を風に飛ばされてしまった子に、「ちゃんとかぶっていないと、よその人に取られる」という母親、果たしてこれでよいのでしょうか。「怒られるからやめなさい」はそれはそれでよいのですが、それでは「怒られなければよい」と認識してしまうのではないでしょうか。

また世の中には、政治家の不正や警察の不祥事など、本来は社会全体のことを考えて行動するべき人たちの身勝手が氾濫しているようです。このように無責任さがまかり通る現在の社会に、大きな原因があると思います。

冤罪《えんざい》のドラマを見ましたが、捜査のいい加減さに腹が立つと同時に、家族はどんなに辛い思いをしたか、また子どもはどれほど傷ついたかと思いつつ、無実を信じ家族が助け合うことの大切さを痛感しました。

諸外国の対応

貧乏ゆえに教育を受けることができず、よい仕事にも就けない、だから貧乏になるという悪循環を解消するために、今諸国が努力をしているときます。タイ、バンコクのスラム街で子どもたちへの教育活動を続け、「スラムの天使」と呼ばれるプラティープさんは次のように語っています。

「家が貧しく、小さいときから働かなくてはならないから学校へは行けません。するとまともな仕事には就けず、社会ばかりか自分自身のことさえ見えなくなり、酒や博奕《ばくち》、麻薬にのめり込んで、最悪の場合は命を落とすことになります。この貧困の悪循環が子や孫の世代まで繰り返されがちなのです。貧乏の悪循環は、教育で断つしかないのです」と。

今、同じ思いでカンボジア、バングラデシュ、インドなどが子どもの教育に全力で取り組んでいます。

この対極にあるのがシンガポール、小学校の時から徹底してエリートと非エリートの選別教育が行われ、小学校の三年ころから、英才グループ、普通コース、職業訓練コースなどに分かれ、さらに卒業前のテストで「スペシャル」「エクスプレス」「ノーマル」「テクニカル」の四種類に分けられてしまうといいます。つまり、「奥手の子は、小学校で一流校への進学や、一流企業への就職の望みを断たれてしまうのだが、その中に優秀な人材がたくさんいる」

とシンガポールに永く住んでいる人が憮然として、話していました。

一九六〇年代から七〇年代にかけて日本の受験地獄が、欧米から奇異の目で見られましたが、いまやシンガポールをはじめ韓国・台湾・香港を含む中国の受験競争の苛酷さは、当時の日本をはるかに凌ぐ有り様です。

プラティープさんのいるタイでも、有名私立小学校や幼稚園へのお受験がすでに始まっていると聞きますし、韓国では生徒や親が教師に暴力を振るうという、儒教の「長幼の序列」からは到底考えられない事件も相次ぎ、社会に大きな衝撃を与えたといいます。シンガポールでも不登校が出始めているそうです。

カナダでは公立高校ながら商業系・工業系・芸術系・コンピューター関連など選択科目が多く、日本の大学の一般教養よりも豊富なほどです。学生は自分の目標に向かって系統立てて科目を選択する者、自分のやりたいことを探すためにいろいろな科目を取るものなどさまざまで、日本のように理系か文系かという大ざっぱな区別ではなく、自分が進路を決定するまでにかなりの時間を費やすことができると、当地へ留学した若者が語ってくれました。

子どもたちに豊富な選択を与えられる環境を作ってやりたいと思いますね。

本当の幸せ

物が豊かならそれで本当に幸せなのでしょうか。少年犯罪が起こるたびに、専門家は家庭の崩壊や教育システムの欠陥を指摘しますが、それでは教育も充分に受けられないような発展途上国で、このような事件が続発しているでしょうか。むしろアメリカや日本などでこのような問題が起きているように思います。

「物が豊かなら、幸せになれる」と走り続けてきた国ではありますが、不可解な少年事件を考えるにつけ、「物の豊かさ＝幸せ」という図式を見直す時期にきていると思わずにはいられません。

同じ十七歳でも、学業を中止して軍需工場へ動員され、大学進学を諦めて空腹をこらえながら、空襲のさなか必死に不安と戦いながら生きていた時代には、人間関係などに悩む間もなく、自分のことより国家や工場、家族のことを考えて暮らしていました。今平和な時代に、何不自由なく暮らせることのできる若者をうらやましくさえ思います。

豊かな時代の中で、子どもたちが本当に自分の進路を見出すことができるような社会を作ってゆけるように、我々大人はもっともっと努力をしなければならないと思います。

心の豊かな二十一世紀に、我々の子どもが「未来を築く」ことができるように願いながら、立って木を見る親のようにあたたかい眼差しを子どもたちに向けていこうではありませんか。それが我々の幸せにもつながってゆくものと思います。

著者プロフィール

宇江野　ゆき（うえの　ゆき）

1933年（昭和8年）4月　栃木県生まれ

未来を築く子どもたち

2001年11月15日　初版第1刷発行

著　者　宇江野　ゆき
発行者　瓜谷　綱延
発行所　株式会社 文芸社
〒112-0004　東京都文京区後楽2-23-12
電話　03-3814-1177（代表）
03-3814-2455（営業）
振替　00190-8-728265

印刷所　株式会社 平河工業社

ISBN4-8355-2744-5 C0095
日本音楽著作権協会（出）許諾第0110902-101号